내 시는 시가 아니어도 좋다

조영욱 시집

차 례

Ⅰ. 고향으로 부는 바람

Ⅱ. 부처님, 법당 밖으로 나가십시다

Ⅲ. 내 시는 시가 아니어도 좋다

Ⅳ. 보리밭을 밟으며

후기

조영욱 시인의 시집 발간에 부쳐

I

고향으로 부는 바람

고향으로 부는 바람

모든 바람은 고향으로 분다
보리는 서리와 함께 슬픔을 나누어
땅 퍼 올리고
재빨리 죽음 끝까지 따라와
모든 바람은 고향으로 분다
한 번 배운 모국어 잊지 못하듯
아무리 깊숙이 감추려 들어도
불쑥 튀어나와 제자리 찾아내는
살가운 고향 밀씨
핏줄만큼 끈끈한 형님 아우 만들고
먼 바다에 나가 살더라도
끝내 강 거슬러 오르는 연어처럼
모든 바람은 고향으로 분다

연어는 돌아와

죽는다
고향에 뼈 묻는다
대서양 치들은 알 낳고도
반듯하게 살기도 한다더라만
뼈마저 품게 따지는 습성 그대로 물려받았는지
태평양 치들은 씨알을 낳고
고향에 뼈 묻는다
5만 리 여정
범고래 상어 바다사자 곰 새들을 피해
지상에서 가장 무서운 천적 사람마저 피해
태평양에 섞인 남대천 한 방울 물 향기 따라
길잡이 달빛 따라
바다로 이어진 강 거슬러 오르는
바닷바람에 그을린 아침 연어들
풀무가 없어도 온몸 핏빛으로 달구며
자갈밭에 터 닦아 알 숭어리 숭어리 낳아
씨 남긴 천명을 다한 까닭으로
연어는 오년 만에 돌아와
숨을 멎는다
고향에 뼈를 묻는다

남녘은 지금

벌거벗고 해산 중
한겨울 내내 추워봐야
속곳 한 겹 없이 당당하다
단물 오른 봄동 상추 쑥갓 아욱이
삼동 내내
쥐코밥상 푸지게 만드느라
남녘은 지금 해산 중
거짓부렁 한 마디에
비록 허한 마음 상하더라도
구슬땀 송골송골 황토 질겅질겅
가쁜 숨 휘몰아 쉬며
이 앙다문 해산
남녘이 없으면 이 나라 밥상은 없다

빈 들길

저녁연기 오를 무렵
실은 비닐하우스 연통으로 쏟아지는
매캐한 기름 연기뿐이지만
농사꾼 만나기 좀처럼 힘든
저문 햇살 막바지 빛을
산에 들에 부산하게 떨이하는
좁고 먼 들길을 걷습니다
들판 들머리에 발부리 적시는
여느 곳이라면 논밭을 치었을
잡목 우거진 낮은 기슭으로
새 날아 들고 어둠이 성큼
검은 너울 쓰고 지상을 점령하는 시간
젖 빼앗길 차례 기다리며
잦은 울음 뱉는 허름한 목장 지나
집으로 오는 길
길은 길로 끝없이 통하고
끝내 농사꾼 하나 만나지 못한 채
마을에 들어섭니다

되새김질

산이란 산, 들이란 들 그 어디에도 풀 뜯는
털빛 고운 소를 만날 수 없습니다
꼴 먹이는 아이들도 자취를 감췄습니다
한두 마리 키우던 집집 외양간은
도시로 나간 자식들 방인 양 텅 비었습니다
마당까지 시멘트로 발라 흙에서 멀어진 만큼
사람마다 비단결 같던 본바탕도
살가운 마음-밭까지 모두 잃어
되돌아볼 추억이 없듯
먹이가 바뀐 소도 되새김질마저 잃었습니다
육식에 길들은 사람이 그러하듯
먹을수록 물이 씌는 사료만 먹고
시간마다 살이 찝니다
일을 빼앗긴 채 우리에 갇혀
날마다 고기가 되어갑니다

소도둑 이야기

잠깐 풀 뜯으라고 냇가에 고삐 길게 매어둔 이웃집 보물이 감쪽같이 증발해 한바탕 소란이 일었습니다. 아직 덜 찬 배를 마저 채우려 고삐 밖 무성한 풀 욕심내다 말뚝 뽑히는 것쯤 흔한 일이라 주인은 다른 풀밭에 있을 줄 알았습니다. 소는 사람 곁에 머물며 늘 사람과 함께 해온 식구나 다름없어 설령 고삘 채고 나갔더라도 혼자서는 멀리 가지 않습니다. 또 들일하는 이들 있어 눈 여겨 보지 않아도 누구 눈에 띄어도 띕니다. 그러나 귀신놀음인지 이날따라 아무도 소를 보지 못했습니다. 소도둑에겐 아귀가 척척 맞아 알리바이가 사개맞춤입니다. 얼마 전 같으면 소 없인 농사일을 못할 만큼 가장 힘든 일을 도맡고 땅 빼고는 가장 값나가는 뉘 집에서나 자랑스레 내 놓는 재산 목록 제1호입니다. 점점 기계에게 일을 빼앗기고 고기가 되어 가지만 사람 다섯 몫 열 몫 너끈해 짐승이 아니라 가장 믿음직스런 식구였습니다. 그런 식구 하나 가뭇없이 사라진 것입니다. 동네 사람들까지 나서 눈을 등불 삼아 풀이 좋아 소가 갈만한 산까지 꼼꼼히 뒤졌습니다. 그러나 흔적이 없었습니다. 면지서와 읍내 경찰서에 실종신고를 해두고도 가슴이 불바다가 되어 날을 밝힌 지 며칠 뒤 오십 리나 떨어진 성전 장날 우시장에서 소도둑이 마침 붙들렸습니다. 그 이 말로는 마을을 지나 산모롱일 막 도는데 고삐 떨어진 채 홀로 풀 뜯는 소 있어 어스

름은 시나브로 몰려들고 날 저물면 찾기 어려울 것 같아 주인을 찾아 주려고 고삐를 잡았더랍니다. 그런데 소가 막무가내로 마을 반대쪽으로 저를 끌고 가기에 자기는 고삐 쥐고 소 뒤를 따랐을 뿐 아무 잘못이 없다고 도리어 하소연하더랍니다. 귀여운 소도둑놈. 그러면 소가 사람을 유괴했다는 말씀!

궁성산弓城山

활처럼 잘 생겼다
시위 힘껏 당기면
해도 꿸 만하다
왜구 토벌할 적
임꺽정이 싸운 성
남김없이 모두 헐어내고
드넓은 목장이 들어서
부려놓은 활집에
젖소들이 오줌똥을 채운다

구진포에서

물빛 흐린 영산강
곡절 많은 우리네 삶이 그러하듯
굽이돌아 돌아 굽이치는
아홉 나루여
목포 어름 하구언에서 물길은 막혀 끊어져
영영 바다에 갈 수 없어
썩은 갯벌에 풍장 하는 폐선
그물이 그리운 어부는 쟁기를 잡고
영산강이 바다에 닿기만을 기다린다
더러운 영산강물 퍼 올려 배나무는
가지 끝마다 이슬보다 맑은 꽃 피우지만
지을수록 산을 쌓는 빚더미에
점점 농사가 두렵다
시멘트 세례 퍼부으며 선물보따리라고 속이지만
해마다 썩은 물로 되돌려 받게 될 영산강은
호수이고 싶지 않다

강 끝에 와서

무거운 발걸음 멈춘다
이 골물 저 골물 바특하게 합세해
스스럼없이 한 덩어리가 된 강물은
얕은 곳에선 쫑알쫑알 속살거리다가도
깊은 곳에 이르면 소리도 묻어버리고
웅숭깊은 속내마저 감춘 채
결코 흐름을 멈추지 않는다
흐르고 흐르는 게 제게 주어진 삶인 양
그 많은 식솔들 이끌고 끝머리에 와서
바다에 몸을 부린다, 머뭇거림 없이
큰 것을 위해 저를 버린다
버리는 게 얻는 것임을 안다
당당한 아름다움
함초롬한 새로움

장날

대형 할인점이 들어선 다음부터
사람 만나기가 힘들다
마을마다 빈집이 는 탓도 있지만
차를 몰고 부르릉 들렀다가
쏜살같이 내빼 버리고
차 없고 운전 못한 늙은이들만 서럽다
이른 밥 차려 먹고 허위허위 나선 산길
먼 동네에 사는 불알친구며 집안 어르신
처남 매제 사돈에 사돈네 팔촌까지
그냥 가면 약속 없이 마주치고 만나
막걸리 한 사발에 정이 묻어나는 것인데
아침장이 파장이나 다름없는
장터거리 국밥집에 홀로 앉아
막걸리잔 기울인다는 건 참으로
쓸쓸한 일이다
목을 지켜 부음 알리는 부고도 돌리고
아들 딸 혼사 입으로 알리며
한전 직원은 밀린 전기세를 걷던
근동 소식으로 북적대던 장터가
한없이 고즈넉하다
늘 젊은 것 같은 내가 낫살을 먹어 가듯
이제 장터도 고향도 늙었다

시골 악사

악사 안주인은 우리와 종씨라 했다
땅은 고작 한 칸 집뿐이고
어디에서 누구에게 배웠는지
내력을 알 수 없는 바이올린을
곧잘 켰다
작보라는 별명에 어울리게
나이 마흔에 열 두서너 살짜리 키에 미칠까 말까 짧고
얼굴이 외로 사십 오도는 돌아간 안주인은
품 팔 데도 없어 겨우 살림이나 살고
아무리 일을 잘 해도 작보는
반 품삯 받을 수밖에 없었다
맨몸으로 날품 팔아 밥 먹기도 어려워
이 동네 저 동네
잔칫집 찾아 신명나게 바이올린 켜며
하루하루 씀바귀로 살다가
널도 없이 가마니에 묶여 동네 청년들 지게에 실려
뒷산에 묻혔다

섬진강을 따라 걸으며

젊은 날
그리움이 복받치면 몇 푼 푼돈도 반겨주는
낡고 갖은 냄새가 밴 구례행 완행버스를 무작정 타고
노인당보다 한적한 구례구역 지나
요즘 연인들 우상이 된 섬진강을 따라 걷곤 했다

깍두기나 콩나물무침만 있어도 진수성찬 안주에
막걸리 한 주전자에 삼사십 원 했을 적에
일금 오백 원이면 꽤 비싼 시집을 들고
섬진강을 헤맸는지 모를 일이다

시가 연애편지처럼 막힘없이 줄줄 써지지도
섞어찌개 잡탕으로 뒤섞인 의식이
도망칠 출구도 없이 이리저리 내몰아
나름 마음을 다스려 보거나 짧은 도피처로 고른 곳이
모래가 고운 섬진강이었을 것이다

돈 벌어 제 생활 꾸려 보지 않았으므로
아직 죽음을 생각하기엔 어린 나이였지만
목숨 걸어야 할 때가 오면 어찌 해야 하는지

신경이 뒤엉킨 미련한 머리만 돌리다가

섬진강을 따라 걸으며
강 가로지른 줄을 끌어 오가는 쪽배를 보면
이승에서 저승으로 가서 다시는 돌아오지 못할 것 같아
풀잎보다 가냘픈 자신을 책망했다

강을 따라 한없이 펼쳐진 가늘고 고운 모래밭에
저마다 반짝반짝 빛나는 모래보다 작고 초라한 자신이
수백 번도 더 죽이고 싶도록 미워
술이 없어도 눈물이 났다

은어로 은어를 낚는 낚시꾼에게 낚이는 은어지만
배 가득 알을 실은 산란기 은어는
묵직한 장대 낚싯대도 촘촘한 그물도 두려움 없이
거침없이 바다에서 강을 거슬러 올랐다

모두 높은 곳에서 낮은 곳으로 흐르는 순리를 따르고
그게 하늘이 내려준 섭리라고 말을 하는데
산란기 어족들은 왜 강을 거슬러 오르는

혁명을 감행하는가!
다시 눈물이 났다

지리산 깊은 골
새벽이슬도 섞인 섬진강을 따라 걸으면
청춘이 흐른다
강섶에 핀 철쭉이 피 뱉는 걸로 더는 보이지 않는다
가슴 설레는 연서도 아니다
언제 아름답게 질까 헤아림만 많다

지리산

마음 얻지 못한 벌로 짝사랑에 머문
슬거운 그녀인 듯
그 이름만 들어도 설레고 가슴이
먹먹할 때가 있었습니다
여린 손짓 하나 표정 하나까지 갱무도리
혼 빼는 재주 그 매력에 푹 빠져
가보면 가볼수록 아름다움과 신비는 더하여
빈집 한 채 얻어 머물고 싶었습니다
신시 우가 신농처럼 쇠머리 뒤집어쓰고
깊은 산을 누비고 다닐 수는 없지만
인류 마지막 거처가 산임은 압니다
밤이면 더 높아지는 산이란 산에선
짐승이 사람을 죽이지 않습니다
신을 닮은 사람이 신을 닮은 사람을 죽입니다
지리산,
번지수가 틀려 잘못 배달된 편지지만
꾸미고 다듬어 가꾼 미인들한테 질린 차에
마침 수수한 어느 지어미가 눈에 들어
지아비 눈 빼버린 뒤 쪽배에 실어 유랑 보내버려도
같잖은 임금 따르지 않은 지어미 아름다운 사랑이

철쭉으로 피기도 합니다
지리산,
하늘 덮은 삐라는 지아비와 지어밀 찾았던
것일까요

지리산 주목

지리산,
기쁨보다 아픔이 많은 어머니 가슴에
말없이 우뚝 선
살아 천년
죽어 천년
넘어져 천년
고비사막 어딘가에 비슷한 나무
굼실굼실 수두룩했으나
추위에 떨던 인민해방군들
도끼로 찍어 모닥불 피웠다지
붉은 속살 훨훨 훨훨 그 불꽃
더 붉었다지

두더지 집

경칩 지나 흙으로만 단출하게 지은 무허가 집
굳이 야음에 지을 것까지 없지만 잡히면 죽을세라
사람 눈 피해 길가 무덤 곁에 올망졸망 들어선
예닐곱 채 흙무지 마을
서안 못미처 관중평야 어름 곳곳에 나앉은
떼도 입히지 않은 흙무덤들을 다시 만난다
목비라도 없었으면 흙무더기로 알고 넘겼겠지만
털 다 뽑힌 알몸 닭을 만난 듯
바람이 말아 올린 여인네 피 묻은 속곳을 본 듯
내 뇌를 어지럽혔던 흙무지들
대륙 주인노릇 하는 한족은 화장할 뿐인데
피 흘리고 있는 무덤 주인들은 누구일까
화두가 하나 더 늘었다
때 되면 할미꽃이 지등 켜들고 시묘 살이 하겠지
해와 달이 불 밝히면 별들이 눈 반짝이며 지키겠지

섬진강 매화소식

왜 이리 굼뜨나
섬진강
늘 푸른 물빛은 언제나 상감청자다
생채기 깊은 국토 샅샅이 뒤져도
남북으로 흐르는 오직 하나뿐인 강
매화 피지 않으면 봄은 없다
고비 때마다 꺾이는 야리야리한 가냘픔은 애달파
인고가 없는 꽃은 꽃이 아니다
온실 속 꽃은 가슴 적실만한 향기가 모자라
바자울에 기대어 산비탈에 당당히 서서
풍설 겪을수록 숨은 본바탕에 어여쁜 아름다움 더하여
노엽던 마음 눅이는 향기만 쌓을 뿐
독은 만들지 않는다, 결코
앙갚음 해코지가 좋은 이들은 이 따스한 봄날
강이 되어 다리 아프게 포구 가까이 흘러보면
때 늦은 함박눈도 만날 게다
살랑살랑 꼬리 쳐 마음 들어내는 향기와
눈높이에서 아슴아슴 흩날리는 꽃눈개비 바라보며
한 번쯤 마음 세탁도 해봄직하다
강섶 풀 한 포기마저 강물과 바람에게 몸 맡기고

풀벌레 키우며 씨를 맺어 아낌없이 베풀고
땅에게 몇 모금 양분 빌렸다가 가을에 길미 붙여
몇 곱절로 갚는데 마음 닫고 뭐 하나
매화는 가슴 활짝 여는데

산수유 마을

구례 산동 억센 사람들은
피아골이 멀지 않아도 열병 앓는 법 없다
노란 꽃, 붉은 열매는 할머니 약손
이르든 늦든 때맞춰 피고 맺어
엉긴 어혈 높은 열 슬겁게 다스린다
몇 년 앓는 사람도 불끈불끈 일으켜 세워
대한민국 남정네들 잠재적 바람쟁이 만들어
두메산골 마을은 가멸다
한 때 모스크바로 불린 피 절인 땅
한 집 내기 어려워 서로 반집 내놓고
빅수만 두는 바둑 언제까지….

노고단

억년 노을에 운해 입힌 하늘정원
사막 메디아에서 시집와 향수병에 시달린
왕비 한 사람 달래려 네부카드네자르2세가
바빌론 왕궁에 지은 하늘정원은 감탄사지만
하늘이 지상에 선물한 노고단 하늘정원은
영혼이 하늘에 오르는 문고리다
넋 나가지 않고 먹먹하니 멀쩡하다면
죽어서도 자신을 모를 사람이다
넋두리일망정 부끄러움 고백할 줄 모른다면
허물 많은 사람이다
지리산은 거대한 신전
믿든 안 믿든 저절로 빳빳한 고개 숙여지는
차마 거역할 수 없는 산이다
마음 내키면 언제든 빈손으로 찾아가도 덥석 반기고
가벼이 구름 밟고 서면 누구나 해탈한다
내가 아는 가장 오랜 이름 마고할미에게 절하면
만년이 한순간
여기 왔다 감은 가뭇없이 짧은 행로
나는 이제 죽어도 좋다

완도 정도리

완도 읍네 한갓지고 외진 명당자리
지상에서 음색이 가장 빼어난 소리바다는
대한민국 명창 중에 명창이다
바삐 살수록 허허로워 짠한 마음 뿔내면
속 끓이지 말고 머뭇거림 없이 오라
오선지 덧댄 구선지 오르내리는 조약돌이
아껴둔 선율 싣고 버선발로 마중할 거다
어머닌 이미 고인故人, 누가 이리 반길까
우리가 살아가는 날 기쁨은 3할,
7할이 슬픔이다
언제 어디서 마음 베일지 모르는 슬픔은
날랜 자객이다
죽는 날까지 달라붙어 을러대는 칼날에 스친
잦은 상처는 눈물 먹고 아문다
홀로 와봐
보니 낀 마음 덧내는 시름 데리고 와봐
명의도 못 고친 만신창이 몸이
신선되어 돌아가리라
입에 밴 불평도 멍석말이 중인 물결이 펼치는
씻김굿 한바탕에 득달같이 묵언으로 바뀌고

해맑은 석경소리 일만 번 들으면 귀명창도
눈먼 눈 떠 비로소 소리를 보리라
누 억 년 완창 중인 관음바다
소리는 듣는 게 아니라 보는 것이다
구계등에 와보지 않고 소리를 입에 담으면
가시 돋으리

이른 봄날 동문 모임에서

왜 사람은 나일 먹으면
외로워지는 걸까
어딜 가나 또래가 있으면 즐겁고
마음이 통하지 않으면 서운하다
서너 달 만에 만나는 한때 탈춤장이들
코빼기만 봐도 반갑다
안주 시킬 돈이면 막걸리 몇 되 더 마셨던
피 끓는 젊은 날
술상에 비하면 수랏상
매운 고추 좀 달랬더니 요즘은 금고추라 없고
푸성귀나 맘껏 먹으란다
살가운 후배 용완이가 냉큼 마트에서 금고추 사와
흥겨운 술잔이 돌고 나도 돌고
지구도 돈다
금치장한 김치 · 마늘 · 상추 · 고등어 · 갈치…
시장에도 식탁에도 온통 금 천지다
방안에 금고 들인 부자들은 금을 모으지만
지갑이 얇은 우리들은 가끔 금을 먹는다
술은 술만으로 모자라 담배까지 부른다
20년 후배 선희네 딸내미 태인이가 내뱉은 말

–할아버지 담배 피지 마!

사람은 나일 먹을수록 왜 외로워지는 걸까

남북은 아득히 멀고 술은 가깝다

월출산

참 영리한 바위산
누 억 년 육탈된 뼈로 우뚝 서서
아침마다 불꽃 뿜는 그대를
무심결에 악산이라 부르면 악담이다
묵언 중인 산이 상처 입어 밤마다 몰래
이슬로 귀 씻어내기도 바쁘다
전라도 남녘 한복판에 우뚝 솟아
내 어릴 적 아침이면 사랑채 툇마루에서 우러렀던
꼿꼿한 정기 한 데 모인 명산을 보고
그 누가 발걸음 멈추지 않았으랴
노봉 매월당 제봉 고산 다산이 시로 읊은
비바람이 깎고 다듬은 수석들 보기 전엔
섣불리 월출산을 말하지 말라
하늘 아래 가장 어여삐 사푼사푼 걸어 나오는 달과
얄포름한 안개 너울 너머 언뜻언뜻 어리비치는 바위 앞에
그 누가 옷깃 여미지 않았으랴
가야금 줄 끊겨도 막힘이 없는 김창조 산조 들으며
그 누가 숨죽이지 않으랴
몸집도 키도 작다고 시피 볼 산이 아니다
흔들면 흔들릴 것이다

움직이면 움직일 것이다
신령스런 바위, 영리한 바위로 비롯된 영암에
옛적 박사가 없느냐
국사國師가 없느냐

눈썹바라지

햇빛은 순간이동으로 얼룩진 들창 넘어
불쑥 방안에 들어서는 손님이다
누이야 눈썹바라지 열어 마중 하렴
공중부양 중인 티끌들 군무도 물러날 때쯤
은하수 가로지른 오작교,
수틀에 옮겨 보려무나
바람벽 복판에 나붙은 들창코 창호지도 흐느끼는
소쩍새 연가가 끝나기도 전 스르륵 잠든 누이야
바늘구멍 틈새로 비집고 들어온 꿈속에서라도
눈썹 어여삐 화장하고 칠보화관 머리에 올려
가슴앓일랑 멎어 버리고 한줄기 햇빛에
잉태해 버리려무나, 유화아씨처럼

모교는 지금

이리 치고 저리 치고 설 곳이 없는
막막한 전후세대
교실이 모자라 3부제 수업까지 받았지만
지금 모교 전교생은 고작 30명
한때 미암초등학교 · 미산초등학교 · 미암서초등학교
무려 세 학교까지 불어났으나
이젠 겨우 한 반, 폐교가 눈앞이다
수도권은 지어도지어도 교실이 모자란데
고향은 텅텅 빈 공실空室
집도 마찬가지 큰방 하나만 쓰일 뿐
세 들 이도 없다
고등학생 8할 이상이 대학가는 세상은
왜 이리 쓸쓸하고 생사 넘나드는 사막이냐

동강할미꽃

할미라 부르기 아깝다
머리만 허옇게 셌을 뿐
짱짱한 허리, 연분홍 얼굴
안개 너울 별천지로 몰 안고 가고픈
앳된 할미여
한생 내내 촉도蜀道닦듯 절벽 붙잡고 살망정
그대 생활력은 나보다 몇 곱절 강하다
장난기 심한 바람은 그댈 범하지 않고
낯가림 많은 구름은 발길 멈춰
옷깃 여며 지난다
젊은 할미 만나 사랑을 구할 수 있는 곳
독신 할미 보고프면 잰걸음으로 오라

낙안읍성

코앞 제석산帝石山 쇳소리로 우는 돌멩이는
백마산성 호령하던 임경업 장군 목소리로
카랑카랑 울리는가!
허물어진 석성은 서너 길 높이로 단장했고
하나뿐인 동네 가게는 저잣거리로 바뀌어
사라진 주막이 들어섰다
마당이 훤히 들여다뵈던 집들은 돌담 둘러쳐
툇마루에 서면 반기던 들판은 꼭꼭 숨어버려
예스러운 맛을 잃고 이중으로 갇혔다
쇠코잠방이 입고 갓 쓴 어정쩡한 민속촌은
구경거리는 짧고 술 푸는 짬은 길다
단 하나 내세울만한 건 개 석상
삽살개야 반갑다
손님맞이 잘 하려무나

선암사에서

시 쓴답시고 며칠 머물렀던 선암사는
누이처럼 수줍고 수수했다
공 들였을 단청은 지워져 민낯이었고
홀몸 탑만 덩그러니 마당을 지켰다
한때 염주 대신 몽둥이 손에 쥐고
피 말리는 한 집 내기 승부도 겨루었지만
해우소解憂所만큼은 이미 해탈한 고승이다
오래 외출했다가 돌아온 정겨운 집이랄까
누이만큼 사근사근하고 편안했다
묵언 중인 산문 안 바자울에 기대어
온새미로 혈서 쓰는 홍매화 손길에서
누이처럼 불타는 연심을 보았다
–스님, 곡차 한 잔 하실까요

함평천지

학다리는 짧다
일제도 두려워한 3성城3평平
프로크루스테스는 자르지 않았다
길섶에 야적한 고구마가 남김없이 썩고
힘없는 쑥대머리 농사꾼 가슴은 문드러져
질기게도 싸웠다
함평천지 너른 들을 늙은 몸*이 지켜도
예나 지금이나 쪼들리기는 한 가지
나는 죽으면 나비가 될 거다
멀고 먼 청산에 나비떼 날아올라
아슴아슴 어질어질

*임방울 '호남가' 한 구절로 "함평천지 늙은 몸이~"

Ⅱ

부처님, 법당 밖으로 나가십시다

산문 앞에서

저절로 옷깃 여민다
승속을 가르는 경계
깨달음은 곧 부처다
거침없이 산문에 든 이들은 입장료가 아까워
여기 기웃 저기 기웃 눈요기에 바쁜 척
시주할 마음 하나도 없는데
나는 산문 앞에서 머뭇거린다
빈 바랑 짊어진 스님 한 분
탁발을 나가는지 만행을 떠나는지
부드럽고 살갑게 합장을 건네고
문이 많은 속세로 내려간다
문득 바람이 머릴 더듬고
웃자란 번뇌들
너울너울 물결 일어 발목을 붙든다
해탈은 멀고 미련은 가깝다
속됨은 가깝고 성불은 멀다
비록 무디더라도 칼 같은 마음 품어
나를 끊고 나를 베어야 하는데
얇은 보늬도 벗기지 못한 채
차마 산문 앞에서 돌아선다

부처님, 법당 밖으로 나가십시다

티끌마저 다스릴 수 없는 얇은 가슴팍으로
내 무엇을 할 수 있을까요
늘 나보다 높아 우러러 뵈는 부처님,
햇살 가득한 법당 밖으로 나가십시다
건들거리며 문고리 부여잡고 맴도는
바람 불러 아이들과 동무 삼아 주고
텃밭 갈아엎어 씨붙임 한 뒤
마당에 둘러앉아 다담을 나눕시다
늘 정겹게 눈을 내리깐 부처님,
우리 법당 밖으로 나가십시다
당신 가르침은 오직 마음이 있을 뿐인데
쓸 데 없는 문자 세워 문자 다듬느라
마음이란 마음 모두 빼앗긴 채
문은 문을 만들고 벽은 벽을 둘러쳐
말씀은 달팽이가 된 지 오랩니다
늘 말이 없어 더 두려운 부처님,
남에 손에 이끌려 산문에 든
어쩔 수 없는 이들까지도
당신이 굳이 보살피지 않거나
설법 베풀지 않아도 길을 찾을 테니

이제 말 많은 산문 밖으로 내려가십시다
알맞게 익은 곡차 중생들과 나누며
가슴에 산을 쌓은 하소연도 들어주고
서로 옳음만 있고 그름은 없어
아무 때나 틈만 나면 거저먹기로
딴죽걸기 맞불 놓기에 바빠
제 할 일 못 한 채
생명을 생명으로 받들지 아니하는
시시비비도 원만히 가려 주시고
시궁창이 된 마음자리에 연꽃 한 송이
피워 주어야 하지 않을까요
아직도 할 일이 많으신 부처님,
이제 법당 밖으로 어서 나가십시다

운주사 돌부처

천 불
천 탑
천년 세월 건너다 검은 손을 타
뿔뿔이 흩어졌다
농을 걸면 살갑게 농을 받고
농 짓거리로 설익은 곡차라도 건네면
덥석 받아 마실 것 같은 상처투성이
돌부처들
옷은 닳아 맨살이고 고운 얼굴마저 마마에 시달려
거칠게 얽은 채
더러는 머리만 남고
더러는 몸만 남아
하늘을 처마 삼아 용맹정진 중이다
많이 눈에 익은 얼굴들
아, 그래
누구나 부처가 될 수 있지

무소유

쌓다 만 돌탑 옆
미륵 한 분 비스듬히 서서
시봉도 없이 즈믄 해 넘도록
홀로 참선 중
가사는 낡아 흙에게 벗어주어 버리고
맨몸에 돌옷만 달랑 둘렀을 뿐
목탁도 없다
염주도 없다
거친 살갗에 손길이 미치자
검버섯마저 벗어주고
흔한 불경도 없이 구음으로
독경 중

산방에 홀로 앉아

서둘러 먼저 하직한 보길도 친구네
빈 산방에서 홀로 마음이 고요한데
빗방울이 목탁을 친다
청춘남녀 불붙은 사랑으로 옷깃 여밀 틈도 없이
소나기는 번개처럼 휘몰아치지만
차분한 장마는 잴 게 많은 늙수레한 사랑으로
오래오래 뜸 들이며 달관한 진양장단을 들머리에 두고
당겼다 풀었다가 반복하며 고무줄놀이 한다
잠투정이 심한 아이 한참 옹알이 하다가
한잠도 못자고 이내 깨어 칭얼대듯이
한데 어우러진 왁자한 춤판을
우두커니 응시하는 소복 입은 등댈 짝 삼아
담배 향을 사른다
조금 전까지 구음 시나위 뱉던 새는
긴 곡조 소리마당마저 접고
지붕 얇은 거처를 울려 골짜길 휩쓸어 내리는 골물은
쏼쏼 콸콸 으르렁으르렁
거센 파도소리마저 가뭇없이 묻고 가슴을 훑는다
비가 오고 바람이 불어도 배는 출항한다
길고 짧은 항로는 미리 정해진 것

서럽진 않으나 쓸쓸하다
한적하고 적막하다

찻물

물이 거칠게 잿기질하여
부글부글

용천수 끓어 넘치는
성난 바다

몸이 조금 식으면
곡우 전에 덖은
참새 혓바닥 우린다

백담사

고승은 가고 연꽃은 피지 않아
백 개 연못은 늘 하늘 향해 비어 있고
맑은 냇가에 돌탑만 무더기로 남았다
오지 않을 고승을 백팔 배로 기다림과
이루어지지 않을 소원을 삼천 배로 빎은
믿는 이들이 누릴 몫이다
승속이 가는 길 다른데 한 때 승속이 뒤섞여
얼크러져 야단법석 차린 곳
중생은 깊은 산, 먼 길을 연꽃 찾아왔고
삿갓 쓴 불한당은 설법 중
변장한 오백나한은 곤봉질에 여념 없다
모처럼 백 개 연못마다 박 터져 핀
홍련 홍련들 가득 가득하고
발길 뜸한 산문이 출렁출렁
권좌는 있으나마나 꽃은 피고 지는 것

해탈문을 지나며

월출산 도갑사 팔작 맞배지붕
환웅전과 너무 가까운 해탈문 지나며
해탈을 못한다
산문 열고 반갑게 맞이하는
사천왕상은 무서워 바라볼 겨를도 없이
허겁지겁 내빼는 찰나
인연 끊으려는 자객처럼 천장 잡고 떼로 물구나무선
박쥐 한 마리 떨어진다
움찔
때맞춰 풍경도 몸을 떤다
가녀린 중생은 수백 번 해탈문을 지나도
도무지 해탈을 못한다

중장터에 와도

중은 없더라
스님도 없더라
천 불 천 탑 있을 적에
농익은 장사치들 빼곤
바랑 걸머진 중들뿐이었다 하더라만
그림자도 없다
천년만년이 물로 흘러가도
와불은 벌떡 일어서지 못하고
탁발 스님 한 분 뵈올 수 없어
시주해본 지 언제?
초장이 파장인 좁은 중장터는
풀 웃자란 대웅전 앞뜰마냥 휑하고
호적에 남은 집 나간 며느리인가
이름만 남았구나
해지기 전 어중이떠중이 말고
스님 만나면 성불하겠네

초분草墳

살아 있을 때와 다름없이
저희 곁에 오래오래 남아
몸에 두른 옷 벗으소서
비록 보잘 것 없는 집이지만
바람 만나 바람으로
햇살 만나 햇살로 떠나소서!

보림사에서

야리야리 솜털 돋은 앳된 봄이 온다
돌아갈 하늘이 있는 용은 문 얻었으나
난 닫았다
장흥 유치 보림사 아랫녘 용문마을
용쏘龍沼에서 나온 용이 문 얻어 귀천하다
피 흘리며 쓰러진 피재는 붉어
빨치산이 많이도 죽었을까
이념이란 리트머스 시험지에 갇힌 카멜레온
변신은 유죄다
묵묵히 뚜벅뚜벅 제 갈 길 가다
잠깐 굵은 말뚝에 고삐 매인 소가
산문 앞 빙빙 돌다 그림 속에 박혔다
부지런해도 마냥 느릿한 되새김질 멈추고
등가죽 헐도록 불경 져 나르면
깨침이 있을는지…
할!
물러날 때를 아는 얼음공주
뒤-꼭뒤 어여쁜 겨울이 간다

꽃잎 명상

맑은 하늘 밝은 빛 참선하는
연화대에 달빛 서리 내려
포르르 떠는 꽃잎 숨소리도 겨워라
왜 피냐면 빙그레 웃을 뿐
말씀은 부질없는 메아리, 파문이 일어
서역 만 리 모래언덕 옮긴다
꽃잎이 움찔 지축이 흔들리고
당신은 신을 믿나
수천수만 달을 품은 부지런한 강물이 흘러
마침표 찍은 바다는 해인
연꽃 들어 보이면 뭐 해
걸림이 많은 곁방살이, 입가에 벙그는 꽃잎
꽃잎들

백련사 동백꽃

달 없는 밤, 나는 어이 헤매나
물길 막힌 탐진강은 강진만으로 휘돌아 들고
동학당이 될 거나 등 굽은 농사꾼에게
한숨 농사 빚잔치는 해마다 서러워라
역풍 부는 수입바람 막을 힘은 부쳐
한 잔 술도 쓰디써 입에 먹히지 않고나
라면보다 싼 쌀에 껌보다 헐한 배추
무덤이 되고야 말 논밭이 무슨 죄나
만덕산 백련사 마음끼리 통하는 흰 연꽃은 없고
들불만 미치게 활활 타더라,
결핵에 걸리지 않고도 울컥울컥
피만 뱉더라!

담쟁이

바람벽 타는 솜씨가 압권이다
가지에서 가지로 옮겨가던 원숭이가 떨어질망정
손이 허공을 잡고 발 헛딛는 실수란 없다
숨겨진 수분 따라 수십 수백 자일 깔고
수천 손으로 직각 암벽을 기어오르는 담쟁이는
천수관음보살이다
수천 잎새 눈으로 삼아 한순간도 방심 않는
암벽등반 전문가다
밥에 덮어두면 밥이 쉬지 않고
고기에 재어두면 고기가 상하지 않는
중생 구제법 또한 일품이다
손이 둘밖에 없는 난 합장만 할 뿐
강파른 바람벽은 내 몫이 아닌
아득한 절벽이다

운주사 와불

언제까지 때 기다리며 반듯이 드러누워
온몸으로 하늘만 받들 건가
천년 묵언에 잠긴 돌미륵이여
꼿꼿이 서서 산천 굽어보며 내 영근 눈물
닦아줄 순 없는 건가
어려운 발걸음 해야 반개한 눈 겨우 마주치는
눈빛 총총한 할미여
어느 때나 난세 아닌 적은 없었지만
내 것 없으면 죽어나는 거친 돌밭 들판에
마냥 내버려 둘 건가
세금에 치이고 빚에 허덕여 눈물도 피 흘리는데
잔 돌멩이 하나 못 던지며 이슬에 등 굽은
풀잎 같은 가냘픈 생명들
다시 들불로 타오를 순 없는 건가
촛불 밝혀봐야 방 하나뿐 어둠은 넓어
날마다 칼날 위를 걷는 먹먹한 행로
구름 배는 정박 중이고
와불은 일어서지 못 한다
–칵 일어날 때, 시방입니다

차를 만들며

꽃들이 한꺼번에 반란을 일으켜 눈과 코가
모처럼 호강하는 늦봄
나이 탓일까
때 되어 이우는 게 아깝고 안타까워
한 잎 한 잎 떨리는 손으로 볼 잡아당길 때마다
아야~ 아야! 아픔 뱉는 꽃잎을 귀 닫고 따
쇠리쇠리한 볕에 널어 말린다
온 식구 켜켜이 풍장 당하는 민낯 일광욕
감출 수 없는 부장품, 향기는 그대로다
벌 나비는 조의금도 없이 문상 오고
선소리꾼 뻐꾸기는 벌써 목이 잠겼다
언제 끊겨도 끈길 목숨이라고
남이 미리 끊자며 달려들면
누가 가만 내버려 둘 수 있는가
미안하다 여린 꽃잎들아
정작 아깝고 안타까워 내가
네 명命을 재촉했을까
다 내 욕심이다

섬으로 간 나무사자

제갈공명 목마는 장난감이다
자 봐라
생전 처음 맞닥뜨린 요상한 짐승
윤기 좔좔 흐르는 갈기, 칼날로 나부껴 춤추고
눈에 박힌 벽옥은 퍼런 불길 활활 붙어
쩍 벌린 아가리, 쇠꼬챙이 송곳니에 걸리면
한 입 거리도 안 되겠다
순해 빠진 고래 물범 바다사자와 살다가
험상궂고 사나운 뭍짐승 막상 대면하니
오금이 덜덜덜 뼈째 먹히면 어쩌나
고놈 표호에 바다 뒤집혀 삼각파도 덮치는데
섬에 풀어놓은 날엔 사람이 먹잇감이요
정보 없으면 전쟁은 뒤죽박죽
여마리꾼 심지 않고 섬에 앉아 거들먹거림이여
깃털부채 손에 쥔 촉나라 제갈공명 목상이
사마중달 혼 빼는 것보다 더 빨리
잘 깎은 나무사자가 나라 하나 거덜 낸다
번개처럼 단박에

외딴집

늘 혼자
이웃은 늘지도 생기지도 않고
비바람 치면 섬
눈보라 쳐도 섬
들지도 나지도 못한 갇힌 섬으로
늘 그리 살았다
눈 두께가 석 자가웃
사람이야 양식 있어 버티지만
먹이 없는 산짐승들에게
겨울은 무덤이다
외로움은 눈덩이와 더불어 스러지지만
단절이 깊어질수록 길어질수록
홀로 빛나는 도 닦음으로
성불하려나
눈보라 속 생불이 온다
돌부처가 가부좌 튼다
시름없이 살아도 홀로라면
누구나 외딴집이다

별

내 가슴은 심지 없이 타는
등불
하늘에 옮기어 놓으면
빈 가슴이 다 타
다시 재로 찰 때까지
눈먼 길눈 틔우며
혼자서 탄다,
우주 하나 스러져 저물도록
함함하다

용문사 은행나무

20사단 신병 신병교육대에서 이등병 계급장
내 손으로 막 달아준 작은아들 데리고
아내와 함께 외출 나온 용문사
내 한나절은 청자에 든 나래 편 학이고
귀대 서둘러야 하는 아들에겐 쥐꼬리다
한 몸 의지할 지팡이가 될 만한 나무
뿌리 흙 탈탈 털어 짚고 오르다가
가파른 산기슭에 심듯이 꽂아둔
천년 은행나무 앞에서 찍은 기념사진에 든
천년은 잠깐이다
겨울이 스륵스륵 도타운 봄 책장 넘기는 소리
깨친 얼음은 말문 트여 줄줄-줄 독경 외고
대웅전 처마 치어 오르던 가녀린 바람이
푸른 녹 보늬 낀 풍경 흔들면 입은 빙그레
가슴은 좌르르 사래 긴 밭 갈아엎는 소
마음이야 삼천 배 밤새 내내 하고프지만
시간에 쫓겨 복전함에 시주하고
아내와 나란히 삼배 후 돌아서니
천일기도 접수받던 곱상한 보살님
-찬바람 몰려드니 나가실 때 문 좀 닫아주세요

안팎 경계가 칼날보다 서슬 푸른
이른 봄바람만큼 쌀쌀한 말씀
용이 승천하다 말고 은행나무로 섰다
깨닫는 하루는 길고 천년은 잠깐이다

Ⅲ

내 시는 시가 아니어도 좋다

내 시는 시가 아니어도 좋다

내 시는 총칼이 아니다
혁명은 더욱 아니다
살아 있는 것 그 모두로 지키는
목숨 같은 것
봄 하늘 박차 날아오르는
새떼들 몸짓
녹슨 펜을 거부하는 용기
무덤을 어깨 너머에 두고
숙어서까지 이웃이 되어야 하는
살가운 사랑
내 시는 고독이 아니다
허무는 더욱 아니다
누가 뭐라 해도
내 시는 시가 아니어도 좋다

비가 갠 뒤 들샘

비가 갠 뒤 들샘은
내 텁텁한 젊은 날
서툰 자화상
내 것이 되지 못한
설익은 혁명에 몸이 달아
사나흘씩 고뿔을 앓으며
고춧가루 물을 마실지라도
죽음이 두렵지 않았던
가시 돋친 내 젊은 날이
오롯이 고여 있는 들샘,
수억 황토 앙금들
녹을 벗은 구리거울처럼
밑바닥으로만 발길을 돌려
스스로 맑아질 무렵
다시 소나기 들이 부어
곧잘 위아래가 뒤엉키는
들–샘에 놀이 어린다
내 안으로부터 녹아 우러나서
넘치기보다 내 것이 되지 못한
설익어 서툰 혁명처럼

겉에서 배어든 물에
금방 흐려지는 들샘은
사나흘씩 고뿔을 앓으면
훌훌 털고 맑은 생명을
퍼 올린다

닭과 시인

시인은 닭과 교감한다
비록 하늘이 내려준 야성 잃고 갑갑한 닭장에 갇혀
퇴화한 날개 푸드득거려 때 아닌 홰를 칠망정
신성마저 잃은 건 아니다

어둠이 더 깊은 어둠으로 닻 올려 항해할수록
막막한 어둠, 그 알을 쪼아 빛 불러내는 이는
시인

벼슬살이보다 긴 유배에서 풀려난 다산은
날개가 있어도 날지 못하는 닭을 치며
바닷가 강진에 묶여 있던 자신을 보았을 게다

아침마다 닭을 잡은 대한민국 김관식 시인은
오지 않을 아침 온다고 거짓부렁 일삼는
닭이 미웠던 걸까

거제포로수용소에서 풀려나 살기가 막막해
생계형 양계장을 차렸던 김수영 시인이
하필 닭을 쳤던 것은 닭이 지닌 신성만은 배우려는 뜻

모두 잠든 어둠 속에서 신이 속삭이는 음성을
저만 홀로 알아먹고 되받아 어김없이 아침 불러오는
신 내린 무당도 일내 갖지 못한 신성을
빠짐없이 수신하는 안테나가 닭에게만은 있다

하고많은 날짐승 가운데 오직 닭에게만 주어진 볏은
늘 반쯤 솟아난 아침 해를 머리꼭지에 이고 살므로
하늘에 남겨둔 반쪽을 통해 닭은 신과 교신하고
시인은 닭과 교감한다

할미꽃

태어나자마자 항렬이 높아
아이도 할머니

새색시 시집가 애 밴
아짐씨도 할머니

늙어도 아주 곱게 늙은 어여쁜
할미도 할머니

삶은 늘 무게 무거워
깊숙이 허리 구부린 채
먼저 가신 님 못 잊어
낡은 무덤가에 켜는
환한 등불

할미로 태어나 할미로 죽는
할미꽃

우수 무렵

남도 매화 소식에 굶주린 코는 벌름대고
북한산 잔설은 아직 봄 마중할 채비 없이
거들먹거리며 이리 게으른데
하마 얼음은 몸 녹여 물이 되었을까

육 백리 휴전선
붉은 녹으로 피 흘리는 철조망, 눈 부릅뜬 채
책 읽지 않아 입마다 가시 돋아
녹슨 꽃민 피는가!

흔들림

초대하지 않은 손님이 왔다.
내 넋 놓고 잠깐 한눈 판 사이에 불쑥 들이닥쳐
내 안에 바람보다 자유롭게 드나들며
느슨한 곳만 골라 맘껏 들쑤신다.
손님은 나보다 날 속속들이 더 잘 안다.
수시로 빈집 차지한 채 이리저리 날 조정하다가
맘에 내키지 않으면 주인노릇마저 감행한다.
밭 가운데 세워둔 허수아비도 제 몫이 있고
장승거리 천하대장군 지하여장군도 본분이 있는데
막무가내로 저를 만들려 한다.
언제나 나는 나일뿐이다.
흔들 테면 뿌리째 흔들어 봐.
이번까지는 정성껏 손님대접 해준다마는
더 이상 마음밭에 실꾸리 푸는 허튼짓은 하지 마라.
흔들림은 흔들리지 않으려는 몸짓,
내가 나로 때마침 돌아오는 귀가시간이다.
이르거나 늦거나 어김없이 티끌까지 거르는
올이 밴 체다.
초대하지 않은 손님은 언제고 문안에 들지 마라,
날 업어주고 안아줄망정

따스한 봄날

난 목숨이 아까워 목만 만지다가
날마다 이리 얇게 가늘어지는데
당신은 꽃망울 고뿔 앓는 봄날
홀로 미련 없이 가셨지요
고향 마을 바자울 안 동백꽃이
입인지 얼굴인지 알 수 없이
붉은 립스틱 치장하고 있을 때
당신은 맑은 매화 향기 곁에
어린 꽃잎 남긴 채
아스라한 길 서둘러 떠나셨지요,
왜~
피어 지지 않는 꽃 어디 있으랴만
내 마음은 西天으로만 달아나고
긴 겨울꼬리 자르지 못한 가냘픈 봄이
높은 문턱 앞에서 자꾸 머뭇거린 까닭은
풀 한 포기 돋지 않는 무덤 때문
이리 따스한 봄날 이승저승 오르내려
저도 한 목숨인 꽃잎 지전으로 흩날리는데
오늘도 난 더 가냘파진 목만 어루만집니다,
목이 길수록 미인 축에 드는 아프리카
여인처럼

가난한 시인

살아 있음은 기쁨이 아닌 욕됨이지
빈속에 들이붓는 소주 한 병
꼬르륵꼬르륵 약한 애간장 훑는데
원고료 대신 보내온 책 한 권
아이들 용돈은커녕 라면도 소주도 되지 못해
안개 깊은 봄비 손님, 빈손으로 들이닥친 날
응결된 피로 쓴 혈서 읽으며
찻물 끓이는 불쏘시개로 책을 다비한다
든든하게 목 받치는 베개 못 삼을망정
삼백예순 뼈마디마디 꺾고 꺾어
내가 날 화형한다
좁쌀보다 못한 재 한 줌 남기려

홍매화

가슴 벅찬 봄 사월 피어라 청춘
휴전선 어름 일산은 아직 늦겨울인데
남녘은 비바람에 꽃비 오는 중
시린 가슴 위 뿔난 아우성은 나부끼고
신음 깊은 봄 몸살
큰일 한 번 터지긴 터질 기미인데
입 다문 앵무새는 깃털 뽑는 중
올 거냐 말 거냐
머뭇머뭇 잰걸음 치는 굼벵이걸음 홍매화는
뼈마디 쑤시니 향기 짙어지리라
때마침 흩날리는 봄눈 속 꽃단장하는 논개여
왜놈 모가지 비틀어라 비틀어

시녀에게

넌 시 쓰는 여자가 아니다
미식가 주인 입맛에 척척 맞는 반찬 장만하여
밥상 차려 바치고
지저분하고 구린내 나는 변소도 쓸고 닦고
털어서 먼지 안 나오는 데 어디 있냐!
말끔하고 깨끗한 곳까지 탈탈 털어 티끌 찾고
피 묻은 옷, 똥 묻은 옷 빨래에
온갖 궂은 허드렛일 다 하고도
단 한 번 칭찬 못 받아본 애처로운 시녀여
칼은 너에게도 가장 무서운 무기다
칼끝이 날카로우면 너무 날카롭다고 욕먹고
무디면 쓸데없이 무디다고 무안당하며
장단 맞추지 못해 엇박자에 놀아나는 슬픈 박치여
인물이 아무리 빼어나도 시중드는 게
네 할 일
녹슨 칼일망정 빼 들어라
옆구리만 찌르지 말고 당당히 목을 겨눠라
너그럽기만 하던 네 예전 주인 시피보고 을러댔듯이
무지한 주인에게는 무지막지하게 맞설 일이다
시녀여, 거울 속 제 모습에 몹시 취한

폭탄주 들이켜 폭탄이 돼가는 뇌관이 없는 시녀여
더는 시녀노릇 집어 쳐라
주인 그늘에서 벗어나 독립만이
네가 사는 길
약자에게만 강한 가련한 시녀여

서로 보며 웃는다

쇠창살로 휴전선 꾸민 8병동에 갔다
너는 나를 보고 웃는다,
왜 갇혀 사냐고
나는 너를 보고 웃는다,
갇혀 있는 건 너라고
쇠창살 안에서 보면 내가 갇혀 있고
쇠창살 밖에서 보면 네가 갇혀 있다
갱무꼼짝 둘 다 갇혀 산다
날마다 수십 번씩 어딜 가든 찍히는
초상권 없는 우리는 우리에 갇힌 동물
대한민국은 동물농장이다
모두가 예비 된 죄수
알몸 실핏줄까지 다 들여다뵈는 백사다
이런 입방정
너는 나를 보고 웃고 나는 너를 보고 웃는다,
왜 갇혀 사냐고
갇혀 사는 건 너라고

불법사찰

불법 행하려거든 사찰을 해라
부처님을 사탄이라 욕하는 교회 장로님이
불법사찰을 크게도 지으시었다
거짓부렁 덕에 첨탑 꼭대기 십자가에 앉아 있으려니
똥구멍도 아프고 시시각각 좀이 쑤셔
욕하고 흉보는 놈들은 설법 대신 몽둥이맛 보여라
불법 행하다보니 사찰했다
불법은 좋은 것 나만 했나 다 했다
뻔뻔하고 무엄한 지고 쥐구멍이 좁으시나
무간지옥 방 뺐다
비비고 켕기는 그대 하늘이 저승사자다

얼음공주

그대 만년설에 묻힌 미라이지만
서릿발 선 새침데기 아니지
눈먼 시샘장이는 더더욱 아니지
말문 닫은 묵언 중임에도
나와 마음 잇닿는 핏줄이다
맑은 날에도 눈 내려 쌓이는 얼음 땅에
보드라운 바람 따스한 볕 없을 리야
무덤은 생생한 역사
무덤은 채 개장하지 않은 박물관
문자로 새긴 비석보다 오래고 싱싱하다
앳된 마음에 할머니가 심은
환웅천황 은하수에 새긴 사랑
팔조 금법 일곱 번째 말씀 좇아
임자 있는 사내쯤 거들떠도 안보고
머리 위에 새 장식 꽂고 무려 2,500년
그대 고이 잠든 '하늘 목초지' 는
알타이 산 우코크 고원
그대는 입김마저 얼어붙는 얼음왕국 얼음공주여라
하늘에게 영혼을 땅에게 육신을
여태 돌려주지 못함은

눅신눅신 몸 녹일 구들을 마련하지 않은 까닭
삶이 전쟁이면 죽음은 평화다
그대와 난 한 집안
지금 당장 깨어나 밀어 나눠도 알아듣는
본가 식구
할머니라 부르랴 소녀라고 부르랴
빈칸으로 남은 역사 새 다섯 마리로 이어주는
그대 얼음공주여

책은 태우고 말은 묻어라

나는 시집 한 권 없는 무명시인이다
젊은 날 넘을 수 없는 벽을 만나
시작 노트 불태우며 울었다는 시인에
절필선언한 문인들 여럿 봤지만
작가 대신 책이 화형 당하는 일은 처음이다
좌익에 몸담은 해득할 수 없는 아버지에게 엮여
연좌제에 묶이지 않으려 반대편에 선 그도
이데올로기가 범한 희생자다
다만 양지바른 곳에 서기보다는
마녀사냥 없애기 위해 날 세워
싸워야 했다
그는 자유롭지 않다
여전히 이데올로기에게 생포당한 포로일 뿐
책은 태우고 말은 묻어라

촛불은 왜

제 몸 태우며 눈물 흘리나
빛으로 화하기는 별도 마찬가진데
별은 맑은 눈망울이 반짝반짝 빛나고
촛불은 충혈 된 눈망울로 쌍심지 켜나
생일날 종지기에 들기름 붓고 심지 박아
작은 떡시루 안에 불 켜고 빌던
어머니 마음이 바로 이런 것이었구나
–액은 걷어내고 앞길 밝혀 주소서!
광화문 광장에서 비로소 깨달았다
수십만 눈망울들 불붙은 바람을 능지처참하는
귀도 눈도 멀어버린 권좌는 이미 썩었다
수도권 매립지가 이보다 더 독할까
촛불은 말 한다
피눈물로 쓴 역사는 영원하다

마중물

살아가며 누군가를 마중하는 건 참으로
즐거운 일이다
누구로부터 초대받아 손님으로 가는 건
더없이 기쁜 일이다
반가운 이는 맨발로 뛰어나가 마중하고
미덥지 않은 이는 거드름피우며 방안에서 맞이하고
싫은 이는 초인종만 누르다가 헛물켜게 한다
오래 묵은 고물일수록 능청맞게
허드렛물동이 바닥날 때까지
벌컥벌컥 들이켜 애 먹이며
삯 없는 노동을 시키기 일쑤
연은 바람 마중하러 오금 저리며 천당에 가는 듯
기분 좋게 하늘 높이 오르지만
마중물은 인당수에 몸 던진 심청이
물 마중하러 기꺼이 샘 깊이 내려간다
누군가가 찾아줘 마중하는 일이란
한없이 즐겁다
징검다리 오작교로 엎드려 누군가에게
나를 내어줄 수 있다는 것은 축복이다
아무 때나 불러만 다오

역행동화

옹달샘이 고향인 강물은 목적지가 바다다
모로 가도 바다에 가 닿으면 그만이다
그러나 곧장 목적지까지 갈 수 있는 강은
씨도 없다
늘 낮은 데로 임하는 신을 욕보이는 높다란 첨탑
밤마다 끔찍하게 피 흘리는 십자가처럼
강물은 통성기도 없이 바다로 흐르고 싶으나
높다란 콘크리트 담 쳐 가로막고
불심검문하는 휴전선이 강마다 새로 생겨
강섶에까지 출렁출렁 주저앉아 연좌농성 중이다
넘을 수 없는 벽, 갈 수 없는 바다
왔던 길 떠밀려 샛길 걸어 산으로 가다가
배고프면 강둑도 절벽도 허겁지겁 갉아 배 채우며
봇물 터지기만을 기다린 채 거꾸로 흐르는
분단된 강물이 내뱉는 유언
–날 수장하지 말라
 갇혀야 할 자는 내가 아니라 날 가둔 이들이다

꽃 이울도록

치매 걸린 늦봄
이맘때쯤 가슴 저며 헤집던 소쩍새 울지 않고
미친美親 소가 쓰러진다, 우당탕탕
앵무새는 귀-멀미나게 배운 말만 되풀이할 뿐
진짜 주인을 배반하지 않는다
달 없는 밤 촛불을 켠다
촛불 한 자루 비록 바람에 흔들려도
드넓은 광장
악마처럼 도사린 어둠심지로 분신한다
사람보다 친미親美 소가 권력자다
사람 위에 소가 있다
미 공화당도 박정희 공화당도 앞장세운 소
일만 하다 고기까지 바치는 한국소가
웃을 일이다
이제 일하는 소는 없다
사람 잡는 고기만 있을 뿐
우골탑도 무너졌다
꽃 다 이울도록 촛불이 탄다,
눈 감고 귀 막아버린 분들을 위하여!

뜬구름

멀쩡한 대낮 뜬금없는 소나기 한 줄금에
갱무꼼짝 속옷까지 젖었다
낡은 처마 밑에서라도 잠깐 비그이할 수 있으련만
우레 치는 벌판 나무 아래는 총알받이 과녁이다
살다보면 복병이 참 많다
도처가 지뢰밭, 밟으면 터진다
비 씨알 영근 뜬구름은
한꺼번에 떨이해도 번뇌처럼 금방 돋아
손바닥으로 하늘 가린 하늘에 친 위장막,
뜬구름을 하늘이라 믿어도
뜬구름은 뜬구름일 뿐이다
한 하늘 몇 뼘 흐르고 흐르다가
황토 적실 비로 내리면 그나마 다행
어디쯤 가다 흩어져버릴까

오월 광주

암흑시대
꼬리마다 불을 처매 들불로 일어선
빛고을 오월
설운 죽음 꼬까삐 무덤인들 한 줌
두려움이 있었으랴
하늘이 허락한 날 오늘뿐 내일이 없은들
어찌 불타지 않았으랴
육지 속 절해고도 진안 죽도처럼
붉은 딱지 역모로 몰린 정여립들이
총칼 앞 오랏줄에 두름 엮여 끌려가는
수백 수천 꽃망울들
극락은 멀고 지옥은 가깝다
혁명 뒤끝이 늪 같은 허무로 몰아칠망정
지옥은 멀고 극락이 가깝지 않으랴

詩

아껴둔 말을 다듬고 깎은 조각입니다
한 각 한 각 혼이 실린 맑은 마음입니다
누가 보고 읽어도 올곧게 뵈는 거울입니다
서로 한마음인 게지요
일그러진 거울이나 도자기는 아낌없이
장인 손에 깨뜨려지는 詩란 그런 게지요
한 점 한 획이 틀어지면 화선지만 버리는 습작일 뿐
내어걸 만한 게 못돼 수십 수백 번
쓰고 다듬어야 겨우 생명을 얻지요
말은 靈이자 魂입니다
얽매임도 거칠 것도 없는 자유입니다

배꼽

내 우주 한복판
나잇살 늘수록 껄껄 신나게 웃을 일 줄어
배꼽 잡거나 배꼽 빠지지 말라고 분화구는
넓고 깊어간다
웅녀 할머니 고작 삼칠일 만에 도를 통했고
난 삼백일 동안 모선母線에 이어져
캄캄한 동굴, 궁전에 웅크려 있다가
마그마 서 말 엿 되 쏟으며 빅뱅 되었다
우주에 이어진 생명줄이 잘려 생긴
도도록 볼록한 오름은 시나브로 꺼져
분화구 표가 나면서부터 널찍했던 평야가
암장이 끓어 산으로 솟기까지 반백 년
분화구가 깊어질수록 슬픔도 깊다
익숙한 것들 하나 둘 말없이 떠나보내
날마다 틈틈이 익히는 마디 끊는 법은
탯줄 끊으면서부터 이미 배웠으나
쉽지 않다
하나 둘 떠나가고 온통 잃는 것 천지
모두 다 아낌없이 비우되
우주 한복판만은 빼지 말고 간직하라고
뱃살 따라 분화구는 넓고 깊어간다

자기 검열

아픔이 없는 삶은 마취제다
머릿속 영상 되감아 흠이 될 만하고
떠올리기도 싫은 끔찍한 일은 모두 지운 채
내게 유리한 아름답고 좋은 일만 골라
되풀어 재생 시키며 사는 삶이
정녕 복인가
이 말은 노여움 살만하고
저 행동은 트집잡힐 일이라
지레 겁먹고 미적미적 얼쩡거린다는 것은
참으로 슬픈 삶이다
버릴 걸 품고 사는 건
드잡이보다 몹시 따분하다
잠깐 즐거움에 가슴앓이 미룬 채
그래도 오늘 나는 아픈 기억을 지운다,
또

봄앓이

내가 헛살았을까
불혹이 넘도록 당당하고 빈틈없던
당찬 아내에게도 올 봄은
잔인한 칼날이었네
들불 오른 황토 땅, 남도를 떠나
이제 막 신도시가 된 색깔 없는 일산으로
전근 온 지 두 해만에
아내는 늦된 봄을 탔다
문득 보고 싶고 가고 싶은 곳이
갑자기 왜 그리 많아졌는지
봄 석 달 내내 고스란히
목매이게 뱉어 낸 놀라운 변화를
모든 게 낯선 객지 타는 투정쯤으로 여긴 나는
정말 헛살아온 걸까
마냥 뼈끝까지 시린 바람에
철조망과 군부대
봄이 없는 뽀얀 하늘뿐인 일산을
못 견뎌 하는 게 옳을 텐데
일산에 가 보지도 않은 나는
빈손뿐인 십 수 년도 잘 견디며

말없이 참아 낸 아내에게 들이닥친
때늦은 변화를 철없다고 타박만 하다가
뒤늦게 일산에 가 보고 알았다
— 고양 · 적성 · 파주 · 교하는 서교西郊인데
　동교 · 서교 모두 땅이 메마르고
　백성이 가난하여 살 만한 곳이 못 된다
청화산인*靑華山人 택리지 한 구절 읽고야
그 마음 알듯 해 무릎을 쳤지만
어머니 49제四九祭 모시러
꽃비 오는 고향에 다녀 온 뒤
아내 봄앓이는 겨우 끝났다

* 조선 영조 때 실학자 이중환.

Ⅳ

보리밭을 밟으며

보리밭을 밟으며

하늘을 본다
가슴이 시리다
봄 잃은 제비 돌아오지 않아 쓸쓸한
햇볕 나들이 그리운
서릿발 꼿꼿한 아침녘
살랑살랑 꼬리 치는 바람결이
은근슬쩍 간지럼 먹여
밤새 서릿발과 씨름하다
들뜬 뿌리들
발헤엄 치며 버둥댄다
내 더디 드는 늦된 봄에
허허로운 마음 둘 데 없어
공중-들림 휴거 중인 보리,
골고루 살포시 밟아
제자리로 되돌리는 의식
헛바람 든 마음은 지근지근 밟아라
보리살타 배부르도록
보리살타 배찰 때까지

오는 봄

다사로운 햇살과 더불어
만질 수도 친견하기도 어려운
신을 닮은 바람이 봄을 실어와
산천에 부린다, 다복다복
차운 몸 녹인 대지에
더디더디 눈뜨는 씨눈에
꽃망울에 실개천에

씨 뿌리는 봄날

아직 바람은 날선 칼끝 거두지 않고
기인 겨울 얼음길 밟고 더디 오는 꽃망울은
잦은 멀미에 울컥울컥 토한다,
하늘이 샛노래지도록
얼굴 붉혀 봄 내내 입덧한다,
어여쁨 다 닮을 때까지
가을은 아람 맺어 비움이고
봄은 새로 가득 채움이다
피 토한 시인이 육필 원고 쓰듯이
사랑에 몸 달은 연인이 밀어로 채운 입술인 양
띄어쓰기 없는 넉넉한 색깔들 잔치다
애옥살이에 찌든 나도 마음부자 돼보는
흑백으로부터 자유로운 피 끓는 봄날
땅이 허락한 대로 씨를 뿌린다
시 쓰는 도시농부 삿갓배미 몇 평 텃밭에
접어둔 생명 뿌리박아 무르익도록
조촐한 신방을 차린다

낙화

깨달음 없이 욕심 많은 이승 한쪽에
꽃이 진다
빗방울 무게 못 이겨
바람 칠 때보다 더 많은
꽃잎들
고운 몸 버려 성을
쌓
는
다

풍뎅이

잘린 다리 비틀어진 목으로
아직 살아 있음이 욕된
풍뎅이가 돈다
땅바닥 쓸어 비질하며
빙빙 도는 어지러움도 이겨
풍뎅이가 돈다
까닭 없이 내려진 형벌로부터
한 뼘이라도 벗어나고픈
끝없는 몸부림
일어서지 못하는 끈질김으로
뒤집지 못하는 서러움으로
풍뎅이가 돈다
날개가 있어도 날지 못하는
이 참혹함
죽음 곁으로 한 발짝 한 발짝
끌려가는 무서운 기다림으로
풍뎅이가 돈다

빨래

아내가 탈탈 털어
가지런히 줄에 매달면
바람이 고실-고실
해가 까슬까슬
다리미가 주름을 쫙___

산나물

신이 키웠다
신이 머무는 산
그 얼이 깃든
분신
오르기도 벅찬 산을
혼자 들어먹는다
감당하기도 힘든 신을
혼자 영접한다,
가붓하게 가분하게

안개

산천에 갈아 끼운
흐린 유리창

아무리 문질러 닦아도
결코 맑아지지 않는
심란한 마음자리

갈피 못 잡고 천지 휘감는
오지랖 너른 술래여

상여

살아 실 제 꽃 대궐에서 못살아 봐
다시 돌아오지 않을 길 밟고
먼 길 떠나며 마지막으로 타보는
오색 꽃가마

살며 영근 다섯 빛깔 눈물
알알이 그러모아 물들여 입은
마지막 때때옷

동백꽃 피거든

오마
다시 오마
저승 끝까지 갔다가
새움 틔우는 봄바람에 묻어
소리 없이 오마
얼음장 쩍쩍 갈라지는 추위 피해
푸르름 일렁대는 동백 잎 사이
온몸 핏빛으로 툭툭 터지는
옥동자 받으러 오마
통풍은 봄바람에게 주어버리고
절룩이며 오마
무릎걸음으로 오마

바람이 지른 불

한겨울도 참아낸 병해충 알들 깨어나기 전에 미리
아시갈이보다 먼저 논 밭둑 태워야지

바람 잔잔한 말미 틈타
걸음 더딘 노옹 서넛 득달같이 들에 나와
쭉정이 뿐이라 가을걷이 못한 논
여기저기 불을 놓자

심술 굳은 불청객 바람이 불을 목말태우다가
발 헛디뎌 둑 가로질러 산자락에 벌러덩 나자빠져
벌건 대낮
섶이 된 풀숲에 스스럼없이 나뒹군다

주름진 노옹들 얼굴 붉게 물들어도
물불 안 가리는 바람난 지아비와 지어미는
데굴데굴 활활
연정을 사른다,
불장난한다

그리움

아련한 아지랑이 야리야리 출렁이고
매실농원 매화는 응결된 피를 찍어 편지를 쓴다
희미한 달, 느티나무 우듬지에 등불로 걸어두고
붉은 꽃잎 잉크로 흰 꽃잎 종이에
밤 하얗게 밝히며 줄기차게 고백한다
술술 실마리가 풀리지 않는지
이따금 하얀 파지가 포물선 그으며
여리게 몸을 떤다
때로 졸음은 죽음보다 깊디깊다
아득한 꿈결 뒤흔든 소쩍새가 잉크를 엎지른다
우수수 점점이 쏟아지는
때 이른 낙화

꽃망울

벙어리가 아닌 바에야 가슴에 고이 간직한 말
곧 터지긴 터질 텐데
요즘은 성조숙증이야
너무 빨리 터져 버리지
일곱 살이면 사랑을 알아
스스럼없이 고백하고 짝을 맺지
예나 지금이나 마지노선은 일곱 살
터질 때 터져야지, 때 맞춰 터져야지
일찍 터지면 불량-탄
늦게 터지면 불발탄이다

뭐가 잘 못 됐나

밤 이슥토록 날 새도록 술을 마셔도
말짱 도루묵 취하지 않는다
넋이 나간 게지
내 패착이냐
당신이 잘 둔 것이냐
불계승으로 다 이긴 바둑을 한 수 잘못 둬
그만 스무 집이나 졌다
꼼수에 헛수가 당했다, 만방으로
잘 나가다 선을 빼앗기고 허둥지둥 서두르다가
순식간에 판이 뒤집어졌다
흰 돌은 흰 돌이고 검은 돌은 검은 돌이다
바둑돌에 버젓이 색깔을 입히는 건 반칙
적은 돌로 많은 집을 내야만 이기는 싸움에서
몰래 한 수 더 두는 건 게임 몰수다
사석은 개가할 때 쓰는 마지막 무기인데
본 적 없다며 심판이 편들면 범죄다
복기 해보면 금방 들통 날 일인데 한통속으로 우기면
멍하니 당할 수밖에 없는 노릇
이길 도리가 도통 없다
승패는 이미 정해진 것

포석과 수읽기에 능해야 판막음할 수 있다
나와 당신은 한 자리에서 돌을 놓아도
가는 길이 다르다

첫닭 우는 새벽녘

내 집은 파주 들머리에 가까운 일산
조선 적 날아간 학을 찾아 헤맨 산기슭이다
숲이 사라진 도시에서 새 노래 듣기도 어렵지만
닭 우는 소리 듣기란 흔치 않은 일이다
마을 어귀에 꽤 큰 아파트단지가 있어도
아직 농사꾼이 남아 있는 한적한 동네
소 돼지만 안 키울 뿐 거두는 식솔들이 많다
글 쓰며 살다보면 밤낮이 뒤죽박죽
생활고에 시달려 지친 굼뜬 새벽녘 3시마다
정령들이 물러갈 즈음임을 어김없이 알려
첫닭이 운다
밤과 아침이 근무교대 하는 시간
나는 누구를 부정할 것인가
나는 무엇을 부정할 것인가

춤추는 가얏고

음률은 하늘이 간직한 만년 소리다
일점일획이 틀어진 글씨는 파격破格이 아니라
구겨질 파지破紙에 지나지 않듯이
어긋난 소리 엇박자는 가슴 찢는 우레다
어디까지나 희롱戲弄은 죄다
모르쇠로 시치미 떼고 유다처럼 부정해도
어김없이 가볍고 무거움 가려 죄를 묻지만
연주에서 희롱은 무죄다
접신接神한 선인이가 가야금을 희롱한다
천년 학이 날고 여울물이 흐르고 노도怒濤가 일면
박수갈채 속 아우성은 공연장이 좁고
자연스레 촌스런 휘파람 쏘는 이도 있다
맘껏 희롱하는데 도리어 칭찬이다
마음 상한 이들도 없다
희롱도 희롱 나름이다
때로는 희롱도 해볼 만한 일이다

황칠나무

지난 해 아버지 기일에 큰형님 댁에서 얻어온
백제 적 황칠나무 한 그루
어디에 옷 입히든 눈부시게 반짝이는 금빛에
송나라도 당나라도 반해 으뜸으로 쳤지만
영암 해남 완도 특산물은 수탈을 못 견뎌
밤이면 도끼로 찍어 없앴다고 다산은 노래했다
잎 넓은 나무는 낙엽으로 지기 마련인데
한겨울에도 어라! 이파리가 싱싱하다
– 추운 날은 시무룩하게 축 쳐져 죽었나 봐
  휴전선 어름에서 살기는 그래, 무리지
지레짐작 비웃 듯 사흘 뒤쯤 멀쩡하다
한겨울 열 번 나마 독한 고뿔도 잘 이겨내더니만
이른 봄에 그만 백제혼이 빠져나가버렸다
충청 이남이 살만한 터전인데 욕심 부려
봄이 없는 일산으로 무리하게 옮긴 탓이다
미리 보온 해주려다가 잘 이겨내는 게 신통하여
날마다 감탄만 하다가 만년을 날렸다
옻칠은 천년 황칠은 만년
올 가을 씨받아 식구 좀 늘리려 했는데
백제 부흥이 한순간에 무너졌다

아린 맘으로 줄기 잘라내고 뿌리만 남겨뒀더니
어라 늦봄에 백제혼이 흙속에서 자라
백제가 부흥했다

철쭉

첫 이슬 피 뱉어 처녀가 되는 꽃
사랑앓이 하기엔 열흘은 너무 짧다
아스라한 벼랑 기어올라 꺾어 바치는
볼우물 깊은 꽃
목숨 건 젊음은 아리땁고 부러워라
지지마라 붉은 마음
먼 하늘 은하수에 아로새길 때까지
밝은 미소 속에 칼 품어 피는 꽃
더는 피 흘리지 마
사랑은 무기가 아니다

윤삼월

시방 꽃들은 반란 중이다
일찍 온 무더위 속 우박까지 쏟아져
갈피 못 잡은 철없는 철이 오락가락
횡설수설 막무가내다
학력은 이력서에만 존재할 뿐
차이가 없는 얄팍한 배움처럼
차례 잃은 철부지 꽃들 우르르 한꺼번에
무더기로 답쌓여 한창 얼굴 자랑이다
빛깔 다른 옷으로 맵시낸 여러 패거리들
한 데 뒤섞인 채 가벼운 율동 곁들여
온종일 선거운동에 몰입하듯
서로 먼저 얼굴 드밀며 다투어 핀다
봄여름 섞어찌개, 꽃들은 반란 중
드나듦이 모호한 계절은 모진 반역을 통해
붉은 신호등을 켠다

동문 밖
— 다산 선생

새장에 갇힌 새는 새장 밖이 부럽다
푸른 하늘 박차 오르고픈 맘은 다음이다
새장에서 벗어나기만 하면 천하 얻을 듯싶어도
날개 꺾인 새에겐 도처가 새장이다
애써 탈출 일삼다가 몸 상해 병 얻느니보다
제 발로 걸어 나갈 때까지 참고 기다려
산천 울릴 득음하는 게 슬기다
강진 읍내 동문 밖 허름한 주막집 봉놋방엔
애 끓는 애절양 다발 묶여 쌓이고
수령방백들 죄업은 책으로 엮여 천정이 낮다
새는 울지 않는다, 말을 할 뿐
노래하는 것도 아니다, 목 놓아 외칠 뿐

다산초당

초당이 없는 다산초당
번듯한 기와집이 뻘쭘히 서 있다
무명옷이 부끄러웠나 비단옷을 입혔다
돈 벌어 공명첩 사고 없는 족보 만들어
신분 세탁한 이들만큼 초당은 망가졌다
귀양살이 아닌 좋은 집에서 넉넉하게 살며
글줄이나 쓰면서 세월 낚은 줄 알게
잘도 꾸몄다
초당이 무슨 기와집?
유배가 그리 만만한가
죽음 대신에 못 죽어 사는 동안
죽음에 가깝게 죽도록 죽음과 싸우는
죄인이다
한 번 새장에 갇힌 새는 거의 새장 속에서
시난고난 살다 죽는다
초당이 없는 다산초당은 껍데기다

등나무 그늘 아래

보랏빛 꽃 다랑귀로 초롱초롱 매달린
서늘한 등나무 그늘 아래 선민인 마냥 즐겁다
푸짐한 상차림, 엄마 아빠 애인까지 모인 면회
오늘만 같아라, 늘
꿈은 아니다 병영생활 할 만한데 휴가는 아득하고
아직 콧바람 쐴 외출 없어 조금은 답답하지만
운전대 잡는 날이 날개 다는 날
씨줄날줄 엮은 얼개가 야무지다
이제 백일, 벌써 백일! 서로 다른 날짜 셈하며
둘은 아쉬움에 달뜨고 아내와 나는 딴청이다
꽃등 내건 등꽃은 모래시계 사태 난 모래로 쏟아져
시시각각 면회시간을 재고 나이 많은 이병은
선임과 고참병 눈치가 뻔해 어제 하다 둔
공동작업 해야 한단다
작은아들 덕에 세 번째 나들이한 이 봄
봄도 삼한사온이다

인동초

차 만들려고 꽃을 따며 알았다
한 잎에 토끼 귀 닮은 꽃 두 송이임을
사다리 딛고 서서 손 뻗어 내 맘 내키는 대로
호리호리 강단진 몸매로 서로 짝 이뤄
상차림도 없는 초례청에 선 신랑신부를
스스럼없이 보쌈 하는 내가 밉상이다
아라비아사막이나 조선 적 흔했던 손버릇도
당해보지 않으면 모른다
나는 단단한 사랑을 깨는 훼방꾼이다
겨울 추위 함께 이겨내 향훈은 더욱 짙고
시드는 순간까지 어긋남 없이 금슬 좋은
로니세라 자포니카!
내가 심고 키웠으니 내가 주인인가

울릉도 너머 독도

독도는 한국이다
한 달에 한 번 우편선이 들어가는 독도에
가볼 욕심 하나로 신혼 여행지를
울릉도로 잡았다
풍랑 일어 2,000톤 배는 한 조각 조각배
처음으로 배를 탄 새색시는 마냥 멀미에 시달리고
밤늦게 어둠 속 울릉도를 만났다
취나물 고사리무침 된장국 1식 3찬 백반을
뭍보다 몇 곱절 비싸게 늦은 밥을 먹었다
김치도 없는 쥐코밥상은 처음이자 마지막
꼭두새벽 도동항에 나가 어부들에게 물으니
아뿔싸, 우편선은 어제 떠났다네!
파도는 구슬퍼 몸 뉘여 발 동동 구르고
절벽에 서서 2,000년 나마 굳게 버틴
향나무만 우두커니 바라봤다
가다가 끊어지기 일쑤인 공사 중인 해안도로 따라
대절택시로 몇 군데 슬렁슬렁 둘러보고
기사가 찍어준 사진만 남긴 채
막 창당한 야당이 돌개바람 일으킨
총선 개표방송만 날 새워 봤다

맑은 날 친견할 수 있다는 독도를 끝내 못보고
허탕 친 울릉도 신혼여행이 아쉬운 나는
독도 사진이 좋다
일본을 섬으로 떼어 주었으니
독도는 한국이다

■후기

시적인 삶과 역사적인 삶

조영욱

선비는 마흔 이전에 붓을 들지 않는다 했다. 그만큼 깊이가 있고 책임감이 따라야 한다는 뜻이다. 나는 마흔이 넘어 등단했고 등단한 지 십 수 년이 지나도록 시집 한 권 내지 못한 이름만 시인으로 살았다. 내가 시인인 줄 아는 이들도 많지 않다.

문학 청년기에 시를 쓰면서도 시가 얼마나 감동을 주고 사람을 바꿀 수 있을까 회의에 젖어 살았다. 그래서 대학 때 쓴 시가 '내 시는 시가 아니어도 좋다' 이다. 나는 시를 쓰기 위한 체험과 감성을 모두 버렸었다. 문학도로서 시를 쓰고 시인이 되는 게 내 갈 길이 아니었기 때문이다. 나는 유신독재를 타도하고 민주화를 이루는 것만이 역사가 나에게 부여한 임무이자 시대가 나에게 명령한 저항임을 자각했다.

전공과목과 문학 대신에 사회과학 서적을 탐독하며 지하운동권이 된 순간부터 내 시적인 삶은 끝났다. 나는 역사적인 삶을 선택했다. 학교에는 정보과 형사들이 상주하고 있고, 정보부원들이 수시로 들락거려 나를 감추고 문학도인 양 이중생활을 할 수밖에 없었다. 언제 들통 나 언제 잡혀갈지 모르는 나날. 수첩, 일기, 편지, 시까지 어떤 기록도 남길 수 없는 암흑시대에 모든 것은 듣는 순간에 암기해야 했다.

긴급조치 9호 위반으로 강도 높은 밀실수사를 받으며 그나마 남아 있었던 일기와 편지 그리고 시작노트까지 압수수색을 당해 다 빼앗겨 버리고 지금 남아 있는 기록은 거의 없다. 그러니 내가 작성했던 유인물 원본이 남아 있을 턱이 없다. 학교 신문과 학보에 발표한 글만 남아 있다.

나는 10여 년 넘게 시를 발표하지 않았다. 발표할 시가 없어서가 아니었다. 원고료 대신 책 한 권 달랑 보내주거나 오히려 나에게 책을 사라고 강권까지 해 '내 시는 시집으로 발표하겠다' 고 다짐했기 때문이다. 첫 시집이 이렇게 늦은 까닭은 시집을 낼 용기가 나지 않아 미루고 미루며 미적거리다 이리 된 것이다.

나는 시를 메시지라 생각한다. 그러나 내 시는 메시지가 되기에는 모자라다. 아마 '불립문자' 경지에 들어야 시를 놓을 것 같지만 죽을 때까지 내가 그 경지에 들 수 없음을 깨달을 수 있을지 의문이다. 막상 시집을 내려고 후기를 쓰는 이 순간까지 한없는 부끄러움뿐이다. 이게 시인가? 이 정도밖에 안 되는가? 스스로 얄팍함에 고개를 숙인다.

학생운동、민주화운동、사회운동、교육운동 등 운동권으로 백발이 될 때까지 내가 맛본 기쁨은 3할, 고통은 7할이었다. 그 고통이 나에게 다시 시를 쓰게 만든 원동력이다. 내가 걸어온 길은 민주화 열망을 지닌 모든 이들보다 뛰어날 것도 자랑할 것도 없지만 역사적인 삶을 살려고 노력하며 역사 현장에 있었다는 것만으로 위안을 삼는다. 살아가는 날, 끝까지 올곧음을 지키며 이름 없는 들꽃으로나마 피고 지는 삶을 지키고 싶다.

시적인 삶과 역사적인 삶은 다르지 않다. 저항하며 투쟁해온 시인들에게는 시적인 삶이 곧 역사적인 삶이고, 역사적인 삶이 곧 시적인 삶이다. 내가 살아온 역사적인 삶이 내 시적 자산이 된 만큼 서로 한 몸이었음을 뒤늦게 깨닫는다. 나는 후회하지 않는다, 내 선택을. 나는 후회한다, 더 치열하게 싸우지 못했음을.

이제 오래 전부터 마음 먹어온 민족사와 민중사를 아우르는 일만 행쯤 되는 서사시를 쓰고 싶다. 끝으로 흔쾌히 시집 발문을 써주신 이은영 형님과 '비움과 채움' 김봉진 사장님, 표지화와 삽화를 그려준 이상호 화백, 시집 발간에 도움을 준 친구 강치웅 사장, 생계를 도맡아온 아내 이명심에게 감사드린다.

■ 조영욱 시인의 시집 발간에 부쳐

내 고향 미륵세상

이은영 / 서울교육연구소 소장

준 것 없이 보기 싫은 사람이 있는가하면 받은 것 없어도 예쁜 사람이 있다. 조 시인을 처음 만난 지 두 달이 채 안되는데, 그동안 그와 함께 밤늦도록 술 마시고 대중목욕탕에 들어가 취한 몸을 눕힌 게 벌써 두 번째다. 삼 년 만에 만나도 엊그제 만난 것처럼 무덤덤하고 헤어진 지 삼일 밖에 안됐는데도 삼 년 만큼 길게 여겨지는 것이 친구다. 인사동의 하가霞歌라는 자그마한 카페에서 처음 만난 그는 이내 나를 형이라 불렀다. 숫기 없는 내가 그에게 말을 높이면 정말 서운한 표정을 지으며 말을 놓으라고 채근했다. 처음 만나 살갑게 구는 사람에게 경계심이 생기거나 약간 거리를 두던 나는 그날은 어쩐 일인지 그런 조 시인이 싫지 않았다. 주파수가 맞는 사람이란 느낌이 들었던 것이다. 만나자 마자 의기투합이 된 이유는 살아온 내력이 비슷하고 또 생각이 서로 많이 닮아서 일 것이다.

불혹을 훌쩍 넘긴 나이에 늦깎이로 등단한 조 시인은 시집도 등단한 지 13년 만에 처음 낸다. 그런 귀한 시집을 내면서 그는아주 당연하다는 듯이 나에게 발문을 써달라고 말했다. 원고는 메일로 보냈다고 당당하게 말하는 본새가 되게 뻔뻔스럽게 여겨졌다. 그러나 그가 보낸 시 작품을 읽으며 나는 그의 시세계에 마냥 빠져들었다. 발문을 써야한다는 의무감에 하기 싫은 숙제 풀듯이 읽기 시작했으나 거듭해 읽을수록 감칠맛이 났다.

조 시인은 학창시절을 내리 박정희 독재 시절에 보냈다. 80년 5월 광주를 겪으며 그의 시는 시가 아니어도 좋았다. 그의 시는 총칼이고 혁명이었다. 목숨이었다. 죽음만큼 소중한 사랑이었다. 그의 시를 읽어보자.

내 시는 총칼이 아니다
혁명은 더욱 아니다
살아 있는 것 그 모두로 지키는
목숨 같은 것
봄 하늘 박차 날아오르는

새떼들 몸짓
녹슨 펜을 거부하는 용기
무덤을 어깨 너머에 두고
죽어서까지 이웃이 되어야 하는
살가운 사랑
내 시는 고독이 아니다
허무는 더욱 아니다
누가 뭐라 해도
내 시는 시가 아니어도 좋다

〈내 시는 시가 아니어도 좋다 (전문)〉

'고춧가루 물을 마실지라도/ 죽음이 두렵지 않았던/ 가시 돋친 내 젊은 날이/ 오롯이 고여 있는 들샘' 에서 '훌훌 털고 맑은 생명을 퍼 올린다' 〈비가 갠 뒤 들샘〉에서 보듯 그는 죽음에 대한 공포를 넘어 맑은 생명을 퍼 올리듯 치열하게 시를 썼다. 80년 5월의 상처가 그의 영혼 속에 각인되어 있기 때문일 것이다. 그래서인지 그의 시에는 '철창' 과 '유배' , 날지 못하는 새인 '닭' 과 같은 감방의 기억을 떠올리게 하는 시어가 많이 보인다.

조 시인은 자신이 시인이란 사실을 어색해 하며 투사라 불리기를 원하는 사람이다. 자신의 시가 실린 문학잡지를 불살라 찻물을 끓이며 〈내 시는 시가 아니어도 좋다〉고 호기를 부리는 사람이다. 꼿꼿한 호남 선비 모습 그대로이다. 골방에 틀어박혀 자신을 불러주지 않는다고 세상을 원망하는 못난이 선비가 아니고 30여 년 전 광주민주항쟁과 교육운동을 거쳐 광화문 네거리의 촛불에 이르도록 항상 현실의 모순에 정면으로 대들었던 그는 한마디로 투사 시인이다.

징검다리 오작교로 엎드려 누군가에게
나를 내어줄 수 있다는 것은 축복이다
아무 때나 불러만 다오 〈마중물 (부분)〉

행동하는 선비이자 시를 쓰는 투사인 조 시인은 두 개의 고향을 가지고 있다. 산업화의 물결에 밀려 날로 쇠락하다가 지금은 산소호흡기에 의지한 채 겨우 숨만 깔딱이고 있는 피폐한 농촌 마을인 전남 영암 땅이 첫 번째이고, 군사독재에 맞서 목숨 바쳐 싸우며 우리나라 민주주의를 지킨 민주화의 성지 광주가 조 시인의 두 번째 고향이다. 첫 번째가 몸을 준 어머니 고향이라면 두번째는 맘을 준 아버지 고향이라 할 수 있겠다.

벌거벗고 해산 중
한겨울 내내 추워봐야
속곳 한 겹 없이 당당하다
단물 오른 봄동 상추 쑥갓 아욱이
삼동 내내
쥐코밥상 푸지게 만드느라
남녘은 지금 해산 중
거짓부렁 한 마디에
비록 허한 마음 상하더라도
구슬땀 송골송골 황토 질경질경
가쁜 숨 휘몰아 쉬며
이 앙다문 해산
남녘이 없으면 이 나라 밥상은 없다 〈남녘은 지금 (전문)〉

모든 바람은 고향으로 분다
보리는 서리와 함께 슬픔을 나누어 땅 퍼 올리고
재빨리 죽음 끝까지 따라와

모든 바람은 고향으로 분다
한 번 배운 모국어 잊지 못하듯
아무리 깊숙이 감추려 들어도
불쑥 튀어나와 제자리 찾아내는
살가운 고향 말씨
핏줄만큼 끈끈한 형님 아우 만들고
먼 바다에 나가 살더라도
끝내 강 거슬러 오르는 연어처럼
모든 바람은 고향으로 분다 〈고향으로 부는 바람 (전문)〉

조 시인의 어머니 고향은 지금 〈빈 들길〉뿐이다. '산이란 산,들이란 들 그 어디에도 풀 뜯는 털빛 고운 소를 만날 수 없다' '도시로 나간 자식들 방인 양 텅 비어있다'. '귀여운 소도둑놈' 도 〈시골 악사〉도 뒷산에 묻혔다. ' 근동 소식으로 북적대던 장터가/ 한없이 고즈넉하다/ 늘 젊은 것 같은 내가 낫살을 먹어 가듯/ 이제 장터도 고향도 늙었다' 〈장날〉. 산업화에 밀리고 도시화에 채여 시나브로 사그라지는 이 나라의 모든 시골이 이 시인의 고향이다. 연어가 회귀하듯 언젠가 돌아가야 할 고향을 그리는 이 시인의 처지는 오늘날 우리 모두의 공통점일 것이다. 고향을 잃은 우리는 내 몸을 준 고향 대신에 마음 줄 곳을 찾아 헤매는 실향민이다. 새로운 고향을 찾으려 〈산방에 홀로 앉아〉 〈무소유〉를 생각하며 이 시인은 '산문 앞에서 머뭇거린다'.

그런데 조 시인은 드디어 고향을 찾은 것 같다. 그가 찾은 고향은 5월의 광주를 거쳐 불교에 이르렀다. 불교의 교리 너머 참선의 세계에 다다른 것 같다.

이제 말 많은 산문 밖으로 내려가십시다
알맞게 익은 곡차 중생들과 나누며
가슴에 산을 쌓은 하소연도 들어주고
서로 옳음만 있고 그름은 없어
아무 때나 틈만 나면 거저먹기로
딴죽걸기 맞불 놓기에 바빠
제 할 일 못한 채
생명을 생명으로 받들지 아니하는
시시비비도 원만히 가려 주시고
시궁창이 된 마음자리에 연꽃 한 송이
피워 주어야 하지 않을까요

아직도 할 일이 많으신 부처님,
이제 법당 밖으로 어서 나가십시다

〈부처님, 법당 밖으로 나가십시다 (부분)〉

〈운주사 돌부처〉들처럼 '옷은 달아 맨살이고 고운 얼굴마저 마마에 시달려/ 거칠게 얽은 채' 로 '누구나 부처가 되어' 속세로 나가서 중생들과 부대끼자고 우리를 선동하는 조 시인은 이미 부처가 된 듯하다. 그래서 '맑은 하늘 밝은 빛/ 참선하는 연화대에 달빛 서리 내려/ 포르르 떠는 꽃잎 숨소리도 겨워' 하며 떨어지는 꽃잎에 지축이 흔들리는 소리를 들을 수 있게 된 듯하다. 조 시인이 나름대로 구도의 길, 참선의 길을 걸으며 미륵세상을 꿈꾸고 있음이 확실하다. 억눌린 민중들의 한을 이승에서 풀어주는 미륵불을 기다리다가 그 자신이 미륵으로 현신한 듯한 느낌이다. 조 시인이 그리는 미륵세상은 고향의 환생이며 그의 고향은 민중이다. 조 시인에게 민중은 밟힐수록 뿌리가 튼튼히 내리는 보리싹이고, '삶은 늘 무게가 무거워/ 깊숙이 허리 구부린' 〈할미꽃〉이다. 또한 민중은 '신이 키우고 신을 영접한' 〈산나물〉이고, ' 잘린 다리 비틀어진 목으로/ 아직 살아 있음이 욕된' 〈풍뎅이〉 들이다. 미륵은 영접하는 존재가 아니라 민중이 미륵이라고, 우리 자신이 미륵이라고 조 시인은 시를 통해 세상 사람들에게 메시지를 보내고 있다.

목욕탕에서 전날 마신 술기운을 몸속의 진액과 함께 빼낸 조 시인은 신새벽에 일어나 가부좌를 틀고 좌선을 한다. 그 모습은 이미 돌부처다. 그에게 질문 하나 던진다.

언제까지 때 기다리며 반듯이 드러누워
온몸으로 하늘만 받들 건가
천년 묵언에 잠긴 돌미륵이여
꼿꼿이 서서 산천 굽어보며 내 영근 눈물
닦아줄 순 없는 건가 〈운주사 와불 (부분)〉

조 시인이 이미 자신에게 던진 화두일 터, "조 시인아! 독자들과 더불어, 이 땅의 민초들과 더불어, 서로의 눈물을 닦아주는 미륵세상을 만들게나. 자네 소원대로, 말 놓았네."

내 시는 시가 아니어도 좋다

1판 1쇄 인쇄 2013년 4월 2일
1판 1쇄 발행 2013년 4월 5일
지은이 조영욱
펴낸이 현상선
펴낸곳 도서출판 비움과 채움
출판등록 2004년 6월 7일 제7-281호
주 소 (132-792) 서울시 도봉구 창4동 807 쌍용상가 213호
전 화 (02) 999-0053
전 송 (02) 998-3622
전자주소 ranto@hanmail.net

ISBN 978-89-93104-28-8 03810